AF199027

NHL Weihnachtsbuch

very fine good daying ewigi

Book from
Peter Oberfrank - Hunziker
Peter Oberfrank
NHL ever Peter Oberfrank - Hunziker
Santa Claus
Weihnachtsmann
New York Ranger ever Peter Oberfrank
all NHL clubs ever Peter Oberfrank
Christian Perthaler
Werner Kerth
Peter Oberfrank Moskauov
Christmas
Easter
Peter Los Angeles
Peter Nashville
NHL Pertl
Peter Rose

Impressum: Date 18. November 2019
12:10 o'clock p.m.

Bibliografische Information der Deutschen
Nationalbibliothek: Die Deutsche
Nationalbibliothek verzeichnet diese Publikation in
der Deutschen Nationalbibliografie; detaillierte
bibliografische Daten sind im Internet über
www.dnb.de abrufbar.

Herstellung und Verlag
BoD - Books on Demand, Norderstedt

ISBN 9783750422636

NHL und Weihnachten sind ewig große Feste. Das Sprichwort „very fine good daying ewigi" bedeutet alles Gute, Schöne, jeden Tag genießen, lachen, sich ewig freuen, Spaß haben, denken, worky machen, Sport, Eishockey spielen, Schach spielen, Natur schauen, genau sein, kindliches lachen, Familie sein ….

Große Liebe ist ewig groß und tief mit allen Farben im Herzen und einem roten Herz ganz schön.

Peter Oberfrank – Hunziker, geboren am 27. 11. 1971 in Rapperswil Zürich in Schweiz Australien, Naturbursche, großer einziger Techniker, genauer Analytiker und workier (dies heißt ganz genaues und logisches Arbeiten), NHL Eishockey spielen ewig bei New York Rangers und Nashville Predators und allen NHL Sportvereinen,

Weltraumfahrer, Autotechniker,
Familienmensch mit herzlich lachenden
Kindern, Spaßtyp, Gras schauen und
beobachten und tun, ewiges großes
Kind, sensibel sein und herzlich ewig
lachen ….

Ja ja nachdenken und im Herzen sein ist
ewig wunderschön ….

Lachen ist
hihahohohihihmhmhdhdhththjhjhnhn

Feiern mit großen und kleinen Lachen
ist ein ganz großes Herzensfest ….

Fröhlich sein ist gut und ganz einfach
schön ….

Natürliches sein - schönes denken und
auch dies so sein ….

Fairy tail Peter Oberfrank - Hunziker
NHL New York Rangers and all NHL
ever christmas celebrating
Die einzige Kultur ist die Indianerkultur
mit großem Stolz und dies zeigt schön
und ganz rein die Natur ….....
Ein schönes Fest ist ewig und auch
schöne Gedanken …. und auch
Erinnerungen …. Homi sein ….
Blumenkindprinzessin in Australi und
Bobfahrprinzessin im Pittsburgh Haus
…. Rockihaus feiern ….
Discoschlossburg …. schweizerische
Ehefrau und Trötenlady ….
Blumiehefrau und Herzgitarrenlady ….
Nashville Ehefrau und Pfeifenlady ….
Vail Ehefrau und Harvelady ….

Blumengrasgarten Fest im Herzen ewigi
und schön feiern …......

Uimi Weihnachtsfest mit ganz großem
Weihnachtsbaum und bunten Lichtern
auf einer grünen Wiese ….

Peter Oberfrank – Hunziker
Michelle Hunziker (= Rosenprinzessin)
Kinder: Aurora, Anna, Michaela, Leila
(= Seifenkistelautofahrerinnen und
Clowninnen und blumig ewig sein)
Elke Valentinitsch (= Buchprinzessin
und Weltraumprinzessin)
 Kinder: Miri, Tiri, Liri, Amelie, Linea
(= Wanderprinzessinen,
Schwimmprinzessinen und viel Lachen
mit Herz)
Isabel Tüchtler (= Bambusprinzessin
und Eishockeyprinzessin Lady
Montreali) Kinder: Elisabeth, Isabelo,
Elisabetha (= Dschungelprinzessin,
Tampa Bay NHL Prinz und
Meeressanderkunder, Papageiprinzessin
und Lachprinzessin)
Lindsey Vonn (= Schifahrerprinzessin,
Zeichenprinzessin, Naturforscherin mit
Lupe und Schildkappe) Kind: Alice
White (= Ballettprinzessin,
Schneckenprinzessin, tanzen freudig)

Kristiane Backer (= Krischi Prinzessin und Saint India church Prinzessin und Zeltprinzessin und Eisgratulantin, gerne auf reisen, liest viel, schaut gerne in der Natur, mag das Meer, gerne auf Berge wandern gehen, spricht fließend Englisch und Deutsch, mag schöne Mode und kreiert selber wunderschöne Mode und erhielt von mir Peter Oberfrank eine wunderschöne rosa Kappe aus Seidenwolle, trägt gerne einen himmelblauen und rosaroten Schal und auch einen weißen glänzenden Schal, lacht ganz herzlich, denkt viel nach und erinnert sich gerne, mag die Natur und natürliches denken ist gut, schön ist es den Wald und die Wiese zu genießen, wunderschöne Farben, richtig schöne Töne in der Natur durch einen Specht oder den Windklang in den Bäumen ....)
Kinder: Kristiano, Kristiana
(Almhüttenprinz und Schiffprinzessin und Natur lachen)

Pam Anderson (= Nashornprinzessin)
Kindernamen: Pamo, Pama, Pamoo,
Pamaa

Brigitte Bardot (= Katzenprinzessin)
Kindernamen: Brio, Briaa, Brioo, Briao

Leni Joop (= Hundeprinzessin)
Kindernamen: Leno, Lena, Lenoo,
Lenaa

Lena Gercke (= Orang Utan Prinzessin)
Kindernamen: Lo, La, Loo, Lai

Barbara Fiegl (= Pandabärprinzessin
und Tratschprinzessin)
Kindernamen: Jonas, Emma, Lisa

Claudia Schiffer (= Floorballprinzessin
und Konditionsgymnastik mit Musik
Prinzessin, Modeprinzessin)
Kindernamen: Claudiao, Claudial,
Claudiaoo, Claudialm (grüne Wiesen
Prinzen und Prinzessinen)

Edeltraud (= Tanzprinzessin,
Holzprinzessin)
Kindernamen: Edeo, Edea, Edeoo,
Edeaa (Baum Prinzen und Prinzessinen
und Wiese genau anschauen und Bären
begleiten am Weg und Wind hören)

Tina Turner (= Musikprinzessin und
Drachensteigenlassenprinzessin)
Kindernamen: Tiao, Tiaa, Tiaoo, Tial

Lisi (= Grasprinzessin)
Kindernamen: Lisio, Lisia, Lisioo,
Lisiaa

Lizzy Engstler (= Zebraprinzessin)
Kindernamen: Lizzyo, Lizzya, Lizzyoo,
Lizzyaa

Claudia Stöckl (= Elcheprinzessin und
Moderationsprinzessin und
Zeitungsprinzessin)
Kindernamen: Claudiao, Claudiaa,
Claudioo, Claudiam

Edith Stadelmann (= Steine schauen
und Schildkrötenprinzessin),
Kindernamen: Editho, Edithal, Edithoo,
Edithala

Heather Locklear (= Mond von Erde
aus schauen, Eisbärprinzessin),
Kindernamen: Iriso, Irisaa

Mirjam Weichselbraun (= Kino gehen,
Felsenbeobachterinprinzessin,
Weintraubenprinzessin)
Kindernamen: Mirjamo, Mirjama,
Mirjamoo, Mirjamaa
(Katamaranprinzessinen und
Katamaranprinzen auf hoher See ....)

Claudia Jung (= Orgelprinzessin)
Kindernamen: Oi, Oa, Oio, Oia

Katharina Kramer (= Radioprinzessin
und Sternen schauen Prinzessin)
Kindernamen: Katharinaa, Katharinao,
Katharinaol, Katharinaah

Vera Gebert (= Flamingoprinzessin und
Curlingprinzessin)
Kindernamen: Verao, Veraa, Veraol,
Veraal

Nicole Meyer (Papierfutzelprinzessin
und Yogaprinzessin)
Kindernamen: Nicolio, Nicolia,
Nicoliol, Nicolial

Manuela Dora Wirtenberger (= Koala
Bären Prinzessin und Nebel schauen)
Kindernamen: Manuea, Manueo,
Manueaa, Manueoo

Cindy Crawford (= Adlerprinzessin)
Kindernamen: Cindyo, Cindya,
Cindyoo, Cindyaa

Arunga (= Laternenprinzessin)
Kindernamen: Arungao, Arungaa,
Arungaoo, Arungaau

Cindy Lauper (= Musikprinzessin und
Gestalterin von schönen Tanzabenden
und Schreib- und Leseabenden und
Kleidungsmodeschauen)
Kindernamen: Cindyo, Cindya,
Cindyoo, Cindyaa

Julia Katzenberger (= Frisbee
Prinzessin, Wüstensandbeoachterin)
Kindernamen: Juliao, Juliaa, Juliaoo,
Juliaae

Nadine Bernhardt (= Surfprinzessin,
Frisurprinzessin)
Kindernamen: Nadineo, Nadinea,
Nadineoo, Nadineaa

Nastasja Kinski (= Giraffeprinzessin
und schön Gras und Wiese schauen und
Natur genießen)
Kindernamen: Nastasao, Nastasaa

Alexandra Mayer (= Gazelleprinzessin)
Kindernamen: Alexandrao, Alexandraa,
Alexandraoo, Alexandraae

Drew Barrymore (= Kinoprinzessin und
Dachsprinzessin und liest gerne im
Buch und auch laut vor)
Kindernamen: Drewo, Drewa, Drewoo,
Drewaa

Iranda Krassnitzer (= Froschprinzessin)
Kindernamen: Io, Ia, Ioo, Iaa

Christina Applegate (= Igelprinzessin)
Kindernamen: Chio, Chia, Chioo, Chiaa

Cameron Diaz (= Wellenprinzessin)
Kindernamen: Cao, Caa, Caol, Caal

Joly Forster (= Waldprinzessin und
Eishockeygratulantin)
Kindernamen: Jolo, Joloa, Joloo, Joloaa
Joodie (= Staudenprinzessin und gerne
Wiese schauen)

Kindernamen: Joodia, Joodio, Joodiam, Joodiom

Pia Zadora (= Ameisenprinzessin)
Kindernamen: Piaa, Piao, Piaol, Piaal

Julia Gasser (= Snowboardprinzessin)
Kindernamen: Juliao, Juliaa, Juliaon, Juliaan

Julianda Feidl (= Hirschprinzessin)
Kindernamen: Juo, Jua, Juaa, Juoo

Nena (= Schimpansenprinzessin)
Kindernamen: Neo, Nea, Neoo, Neaa

Madonna (= Geigenprinzessin)
Kindernamen: Malo, Mala, Maloo, Malaa

Doranda (= Goldfischprinzessin)
Kindernamen: Doo, Doa, Dool, Doam

Verandala Stöckl (= Würfelprinzessin)
Kindernamen: Veo, Vea, Veoo, Veaa

Angelina Jolie (= Volleyballprinzessin)
Kindernamen: Ao, Aoa, Aoo, Aoaa

4 Elements Lamoa (= Farbenprinzessin)
Kindernamen: Laoo, Laoa, Laool, Laoal

Lena (= Handballprinzessin)
Kindernamen: Lenaa, Lenao, Lenaaz,
Lenaoz

Christina Stürmer (= Wald schauen und
Eisstockschießprinzessin)
Kindernamen: Chio, Chia, Chioo, Chiaa

Andrea Gartner (= Tennis spielen und
Sportschuhprinzessin)
Kindernamen: Ano, Ana, Anoo, Anaa

Anna (= Baseballprinzessin)
Kindernamen: Annao, Annama,
Annaol, Annamaz

Nathalie Geisenberger (= Puck schauen
und Puckgratulantin und
Rodelprinzessin)
Kindernamen: Nao, Naoal, Naoo,
Naoali

Ulla (= Entenprinzessin)
Kindernamen: Uo, Ua, Uoo, Uaa

Marianda (= Schwäneprinzessin)
Kindernamen: Maol, Maola, Maolo,
Maolaa

Mari (= Federballprinzessin)
Kindernamen: Miao, Miaoa, Miaol,
Miaoal

Daria Sprenger (= Glasprinzessin)
Kindernamen: Dao, Daa, Daol, Daal

Magda Amara (= Basketballprinzessin)
Kindernamen: Malo, Mala, Maloo,
Malaa

Naomi Campbell (= Kegelprinzessin)
Kindernamen: Naoo, Naoa, Naool,
Naoal

Barbara Kolo (= Bocciaprinzessin)
Kindernamen: Bao, Baa, Baom, Baam

Lena Baklane (= Golfprinzessin)
Kindernamen: Leol, Leal, Leool, Leaal

Ziranda (= Billardprinzessin)
Kindernamen: Ziol, Zial, Ziool, Ziaal

Pia Zadora (= Rehprinzessin)
Kindernamen: Pio, Pioa, Pioo, Pioaa

Niranga (= Schilfprinzessin und
Chamäleonprinzessin)
Kindernamen: Niro, Nira, Niroo, Niraa

Alexandra Eder (= Fuchsprinzessin und
schöne Modekleidung tragen)
Kindernamen: Alo, Ala, Aloo, Alai

Claudia Neuner (= Dachsprinzessin)
Kindernamen: Cao, Caa, Caol, Caal

Sarah Wilson (= Xylophonprinzessin)
Kindernamen: Sao, Saa, Saol, Saal

Nira (= Schmetterlingsprinzessin)
Kindernamen: Nio, Nia, Nioo, Niaa

Mira (= Maulwurfprinzessin)
Kindernamen: Mimo, Mima, Mimoo,
Mimaa

Meanda (= Fliegenprinzessin)
Kindernamen: Meao, Meaoa, Meaoo,
Meaoaa

Francine Jordi (= Löwenprinzessin und
Dirndlprinzessin und
Ziehharmonikaprinzessin)
Kindernamen: Frao, Fraa, Fraoo, Fraal

Wettanda (= Wetterlady und Fischprinzessin und Felsen schauen und Gras schauen und schön denken und Gratulantin zum Eishockeyspielsieg New York Rangers : Montreal Canadiens von 100 : 0 am 17. Jänner 1973 und auch Übergeberin der first NHL and ever retired number 24 Peter Oberfrank - Hunziker New York Rangers von Alain an Olegi an Kristiane an Adriano an Wettanda an mich Peter Oberfrank - Hunziker mit viel Lachen meinerseits und dann habe ich leichte Konditionsgymnastik gemacht und hearty gelacht und Kristiane hat gesagt, dass ich ever ihr hearty Bub bin und ever good icehockeyplayer bin, Tigers Woods sagte dann: „You played wonderful NHL icehockey New York Rangers and the Montreal Canadiens played also well", worauf Adriano mir auch gratulierte und laut lachte und hearty icehockey sagte und Harti Weirathrer

lachte laut und herzlich und sagte „real good New York Rangers icehockey ever".... Barbara Fiegl stellte sich dann nach meiner kurzen Vorstellungsrede auch als Eishockeyspielerin Montreal Candiens vor und sagte: "Appreciating very talented high New York Rangers icehockey on 17 January 1973 and you grins a lot of with heart" and I said then: „You are fieglerisch smiling and I am laughing" und worauf auch die Hofis richtig grinsten, dann ging ich mit Diego und Zico und Hans Müller Hunziker und Carsten Janker Tüchtler und Otto Valentinitsch und Tiger Woods Vonn Fußball Spielen und auch Fiegl Babsi, Kristiane, Olegi und Alexandra spielten auch Fußball mit ....)
Kindernamen: Weo, Weoala, Weoo, Weoalaa

Samantha Fox (= Discoprinzessin)
Kindernamen: Sao, Saoa, Saoo, Saoaa

Dolly Buster (= Wellensittichprinzessin)
Kindernamen: Dolo, Dola, Doloo, Dolaa

Nina Spieltheiner (= Tisch schauen und Tischtennisprinzessin)
Kindernamen: Nilo, Nila, Niloo, Nilaa

Nio (= Kappenprinzessin)
Kindernamen: Nio, Nial, Niool, Niaal

Maranda (= Hutprinzessin)
Kindernamen: Maro, Mara, Maroo, Maraa

Sulunda (= Seifenprinzessin)
Kindernamen: Suli, Sula, Sulii, Sulaa

Zura (= Nashornprinzessin und auch stolze Überbringerin der first NHL icehockey celbrating ever Goldmedaille an mich Peter Oberfrank - Hunziker)
Kindernamen: Zuro, Zuraa, Zuroo, Zuraam

Annalanda (= American Footbal
Prinzessin)
Kindernamen: Aao, Aam, Aaol, Aamz

Niclanda (= Rinocerosprinzessin)
Kindernamen: Nimo, Nima, Nimoo,
Nimaa

Sarah O' Connor (= Spinnenprinzessin
und Afrika Urlauberin)
Kindernamen: Saro, Saroa, Saroo,
Saroaa

Cira (= Elefantenprinzessin)
Kindernamen: Cito, Cita, Citoo, Citaa

Lydia Gallo Gau (= Wieselprinzessin)
Kindernamen: Lyo, Lya, Lyaa, Lyoo

Christina Aguliera (= Luftballon
schauen und Ameisenbärprinzessin)
Kindernamen: Ago, Aga, Agoi, Agai

Lea (= Grashüpferprinzessin)
Kindernamen: Leio, Leia, Leioa, Leioo

Heidi Klum (= Steinbockprinzessin und
Zeichnungen schauen)
Kindernamen: Heio, Heia, Heioo, Heiaa

Helene Fischer (= Quallenprinzessin)
Kindernamen: Heo, Hea, Heoo, Heaa

Catherine Zeta Jones (= Käferprinzessin
und Baumblätter schauen)
Kindernamen: Ciol, Cial, Ciolo, Ciala

Sharon Stone (= Schafprinzessin)
Kindernamen: Sho, Sha, Shoo, Shaa

Dougli (= Büffelprinzessin)
Kindernamen: Douo, Doua, Douoo,
Douaa

Simone Strickner (= Mückenprinzessin)
Kindernamen: Smo, Sma, Smoo, Smaa

Lurunda (= Murmeltierprinzessin)
Kindernamen: Luro, Lura, Luroo, Luraa

Meghan (= Schlangenprinzessin)
Kindernamen: Mego, Megoa, Megoo, Megoaa

Diana (= Eulenprinzessin)
Kindernamen: Dilo, Dila, Diloo, Dilaa

Liza Minelli (= Geierprinzessin)
Kindernamen: Lizo, Lizala, Lizoo, Lizalai

Kurunda (= Faultierprinzessin)
Kindernamen: Kulo, Kula, Kulö, Kulä

Paris Hilton (= Gorillaprinzessin)
Kindernamen: Paro, Paroa, Paroo, Paroaa

Kathi Witt (= Schildkrötenprinzessin)
Kindernamen: Katho, Katha, Kathoo,
Kathaa

Bea (= Walrosprinzessin)
Kindernamen: Beao, Beal, Beaoo, Beala

Siri (= Elefantenprinzessin)
Kindernamen: Siro, Sira, Siroo, Siraa

Lira (= Delphinprinzessin)
Kindernamen: Liro, Liranda, Liroo,
Lirandaa

Mora (= Walprinzessin)
Kindernamen: Moro, Morala, Moroo,
Moralaa

Silvia Haslwanter (= Tiger schauen und
Igelfischprinzessin)
Kindernamen: Siozo, Sioza, Siozoo,
Siozaa

Bonnie Tyler (= Gepardprinzessin)
Kindernamen: Bolo, Bola, Boloo, Bolaa

Whitney Houston (= Eis schauen und
Eichhörnchenprinzessin)
Kindernamen: Wio, Wia, Wioo, Wiaa

Ciranda (= Fichtenbaumprinzessin)
Kindernamen: Cimo, Cima, Cimoo,
Cimaa

Calunda (= Pferdeprinzessin)
Kindernamen: Calio, Calia, Caliaa,
Calioo

Niculunda (= Rabenprinzessin und
Wasserfall schauen)
Kindernamen: Rabio, Rabia, Rabioo,
Rabiaa

Barunda (= Bettenprinzessin)
Kindernamen: Betio, Betia, Betioo,
Betiaa

Ciclanda (= Muschelprinzessin)
Kindernamen: Cimo, Cima, Cimoo,
Cimaa

Niclunda (= Spatzenprinzessin)
Kindernamen: Nio, Nia, Nioo, Niaa

Silvia Stastny (= Amselprinzessin)
Kindernamen: Silio, Silia. Silioo, Siliaa

Denise Neher (= Regenprinzessin)
Kindernamen: Denio, Denia, Denioo,
Deniaa

Nina Hagen (= Eselprinzessin)
Kindernamen: Ninao, Ninaa, Ninaol,
Ninaal

Birgit Erhart (= Nebelprinzessin)
Kindernamen: Biro, Birla, Biroo, Birlaa

Melanie (= Wolkenprinzessin)
Kindernamen: Melo, Mela, Meloo,
Melaa

Melania (= Leopardprinzessin und
schön lesen)
Kindernamen: Meo, Mea, Meoo, Meaa

Melanie Schiestl (= Uhu schauen und
Streifenhörnchenprinzessin und
Gratulantin zum wunderschönen und
eleganten Eishockey spielen New York
Rangers und zum Sieg gegen ein Team
Montreal Canadiens)
Kindernamen: Meio, Mema, Meioo,
Memaa

Barbara Winner (= Antilopenprinzessin
und koordinierte am 17. January 1973
meine vielen Eishockeyinterviews als
New York Rangers icehockey and
sports star ever und Interviews waren
freudig und tiefgründig mit Olegi
Tichonow, Alain Vigneaut, Thomas
Brecher mit Eltern, Thomas Hofer mit
Familie, Karl Dall, David Hasselhoff,
Frank Elstner, Andreas Herzog, Johann
Krankl, Thomas Gottschalk, Lady

Gaga, Claudia Schiffer, Kristiane
Backer, Edeltraud, Herdina, Mathää,
Günter Saischek, Zitola again, Ninaska,
Lothar Mathäus, Andi Brehme, Markus
Gander, Donald Trumpi,
Arongaslonkow, Zico .... great
icehockey by the New York Rangers
ever war der wohldurchdachte Slogan
von Olegi ....
Kindernamen: Baro, Bara, Baroo, Baraa

Claudia Schliernzauer (= hörte auch wie
ich Peter Oberfrank - Hunziker das
Echo der 100 schönen Eishockeytore
der New York Rangers - accompying
dragons, eichhörnchen, ferkels, igel -
mit Lauten wie pingi und pingl ....
und Seesternprinzessin)
Kindernamen: Camo, Cama, Camoo,
Camaa

Loranda (= Schweineprinzessin und Museum schauen und Statuen schauen und auch meine 2 Eishockeystatuen in Gold und Silber im Central Park Pezi anschauen)
Kindernamen: Loro, Lora, Loroo, Loraa

Hillary Clinton (= Schneeprinzessin)
Kindernamen: Hilo, Hila, Hiloo, Hilaa

Zira (= Algenprinzessin)
Kindernamen: Ziro, Zira, Ziroo, Ziraa

Edema (= Möwenprinzessin und gratulierte mir am 17 January 1973 im New York Central Park zum New York Rangers Eishockeysieg und sie schaute sich dann gerne meinen schönen und schön geschriebenen Eishockeyeintrag am 17. January 1973 im NHL book mit meinen coolen einzigartigen Spaßworten Hihi .... an)
Kindernamen: Edemo, Edemaa, Edemoo, Edai

Claudianda (= Gazellenprinzessin)
Kindernamen: Cliro, Clira, Cliroo,
Cliraa

Miranda (= Antilopenprinzessin)
Kindernamen: Mino, Mina, Minoo,
Minaa

Ingrid Felipe (= Walroßprinzessin)
Kindernamen: Ino, Ina, Inoo, Inaa

Ornella Muti (= Spinnenprinzessin und
Wolleprinzessin)
Kindernamen: Orno, Ornaa, Ornoa,
Ornoo

Ein Zirkuszelt in der Natur ist
wunderschön.

Das Space Shuttle ist wundervolle und
perfekte Technik für den Weltraum und
das All ....

Die Flugzeuge sind besonders spezielle

geschmeidige Technikteile in System
mit Jetstromigform und Eleganting ....

Die Eisenbahn ist spezielle Technik mit
Tarusin und Eisen ....

Die Bautechnik ist wunderbar und
architektonisch und statisch ....

Der Naturstein ist einzigartig speziell
besonders ....

Das Licht und der Magnetismus unique
being und everlong ....

Die Natur ist wunderschön und ganz
herzlich.

Freude zu haben und lachen und
glücklich sein ist schön.

Die Natur zu beobachten, zu analysieren, Wolken zu schauen, gern in der Heimat und Geburtsort zu sein, und mit Gras schauen und Moos schauen auf Reise zu gehen. Eine NHL Reise ist einzigartig und das Licht ganz fein und auch die Temperatur super gut und wunderschöne Farbe in rotem Ton am Horizont und schönes Träumen ....

Es ist interessant viel Wasser zu sehen und einen großen See und ein Meer und hohe Wellen ganz sanft und eine schöne Höhle und einen Tunnel und eine Hütte zum Wohnen und weiterreisen zu einer riesengroßen Wiese, wo ich Predators Löwen ganz fröhlich treffe und dort auch wunderschönes kreisrundes trivilierendes Wasser und auch ruhiges Wasser und schönes und auch glanzvolles Brunnen - Wasser zum Trinken und Brot zum Essen. Dann geht die Reise weiter über einen Hügel und in einem Gewitter mit lautem und schönem Donner und glitzerndem Blitz und wunderbaren Regen. Tanzend und laufend über einen Berg und mit Musik zu einer leicht hügeligen Wiese und dann auf einer hellgrünen Wiese das Mädchen Kristiane Backer treffen und ich sagte: „Hi I am Peter Oberfrank - Hunziker and wonderful nature here with wonderful light and who are you?" und sie grüßt herzlich und sagte: „Hi I am Kristiane Backer und you are the Hi boy Peter Oberfrank - Hunziker, and I heard from the nature with laughing, and you are luckely weddyd in sky, and dreaming." „Yes I said and you seem very lucky." Kristiane answered happy with a touch with her left hand to her heart: „I am Kristiane Backer and happy living here and what are you doing here, I know that the origin of language is English, and maybe we talk later also German ...." She said this with Backerli smiling and later then also with laughing and giving her right hand to the sky. Peter Oberfrank - Hunziker said then: „Yes nice to meet you and I am on my NHL journey ever to Central park region and maybe you want to join me on this tour?" Kristiane said: „Hey guy that is cool and you have all your lagguage with ice stick, puck, icehockey skates, and your clothing with you, and your wonderful and great designed jersey Rangers .... hey you are a nature boy and small kid."

Then we walked crossing a green meadow and through a dreaming forrest to the glittering ice at Central park. It was fine meeting there Pamela Anderson, Brigitte Bardot, Leni Joop, Lena Gercke and very nice meeting then in happy group the Lady Barbara Fiegl and .... also Edeltraud und Claudia Schiffer .... Olegi was greeting and many people were joining to go to the snowfield and the icehockeyfield .... Kristiane und ich lachten viel und dort begrüßte uns dann herzlich der Bursche Adriano Celentano mit einem „Salute

Eishockey" - und er erzählte mir, dass dies schönes Träumen, tun und machen, und auch Eishockey spielen heißt. Ich sagte dann zu Adriano Celentano „You are a lucky guy and let us go playing icehockey .... Carl Lewis as a small kid and his family were also joining us .... Der Central Park, der Schnee dort und auch das Eis und die Hügel und Höhlen glitzerten schön .... ich sah in der Ferne auch schönes Wasser und südlich auch Meereswellen und nördlich ein paar Eisberge schwimmen .... ich startete als erster mit dem spaßigen Eishockey spielen und mein Gedanke ist immer und ewig „I do it my way" .... nach einiger Zeit begrüßte ich wieder Olegi und der Sporttrainer und Montreal Canadiens Eishockeyspieler aus Russland heißt mit vollen Namen gemäß seiner Vorstellungsrede Olegi Tichonow, und mit freudigem Lachen am Eis und seiner Herkunft aus Russland, Moskau, und ich kannte dieses Land und diese Stadt noch nicht. Ich stellte mich auch mit meinem Namen und Herkunft und worky vor und Olegi sagte, dass er Australien nicht kennt. Ich sagte mit netter Stimme: „Ich will Rangers NHL Eishockeyspieler werden und ich habe schon viel Eishockey trainiert und Konditionsgymnastik gemacht .... Olegi sagte ganz ernst und auch fröhlich, dies ist cool so und Konditionsgymnastik kennt er jetzt schon, weil ich mich aufgewärmt habe, und ganz eigene Sportbewegungen gemacht habe .... ich sagte auch, dass ich die Natur gerne mag und dass ich Technik worki und Natur worky. Olegi zwinkerte fröhlich bejahend und dann kammen auch die Sporttrainer Alain Vigneaut, Jeff Gorton, Meggie und Clary und Ernst Happel hinzu. Kristiane Backer sagte dann aus mittlerer Entfernung, dass sie sich freut, wenn ich Eishockey spiele .... und klatschte spaßig und rythmisch in die Hände .... die Sporttrainer sagten dann, dass Kristiane vielleicht auch eine gute Eishockeyspielerin ist, und Adriano Celentano und Carl Lewis mit Familie standen fröhlich bei schneebehangenen Bäumen. Ich spielte dann spaßig mit Eleganz und tricky ca. 1 Stunde ganz alleine Eishockey und lachte herzlich dabei .... die Sporttrainer der Montreal Canadiens rateten mich ganz gut und ich erhielt dann gleich auch einen Sportvertrag für die NHL New York Rangers und bejahte dies und unterschrieb den Sportvertrag „NHL New York Rangers ever und all NHL Clubs ever" am 17. Jänner 1973 ganz freudig, ernst, mit Lachen und auch sehr stolz mit meiner Unterschrift „Peter Oberfrank - Hunziker".

Dann starteten die Sporttrainer sogleich ein gemeinsames Eishockeytraining mit mir, und schön war und ist in meiner Erinnerung, dass sich die Sporttrainer und ich uns immer abstimmten zum gemeinsamen Eishockey spielen, dies heißt, wie man eisläuft (schnell oder langsam, vorwärts oder rückwärts), welchen Weg man eisläuft, und ob man den Puck spielt oder stoppt und mit welcher Geschwindigkeit man das Passing des Pucks spielt .... Meggie sagte dann intelligent: „Die Einzigartigkeit ist wichtig und ein gemeinsames Eishockeyspielen ist wunderschön und auch viel zum Lachen und auch Reden und nette Leute kamen dann auch zur Eisfläche und redeten mit uns in der Eishockeyspielpause, und ich erhielt auch ganz nett 1 Glas Wasser zum Trinken .... insgesamt war ich ca. 5 Stunden am Eis im Central Park in New York und auch das erste NHL Eishockeyspiel New York Rangers : Montreal Candiens und mit mir als New York Rangers Kapitän Nummer 24 Peter Oberfrank - Hunziker und einem 100 : 0 Sieg für die New York Rangers und meinem Trainerteam bei meinem Geburtsort Rapperswil Zürich in Schweiz Australien und meiner großen Heimat Australien und auch meiner Sportheimat New York vor ca. 10.000 Zuschauern im Naturparkstadion Central Park New York mit 120 Spielminuten und 3 Drittelpausen zu je 10 Minuten und 3 Schiedsrichtern und einmal Naturtore und dann richtige kleine Eishockeytore war märchenhaft schön, und die Erinnerung ist herzlich rot und rosa daran.

Donald Trump sagte dann in einer Rede und Olegi las dann dies dann auch als speech vor, dass gemäß Zeremoniell NHL book dieses schöne und gute Eishockeyspiel dann ewig mit einem schönen Fest und auch weiteren Sport machen und Natur genau analysieren und naturfreudig gestalten und naturig machen weitergehen soll.

Ich spielte dann noch ein bisschen alleine am Eis ein kleines Eishockeyspiel mit schönem und guten eislaufen danach. Ja ja und dann beobachte ich gerne die Natur und freute mich sehr mit der Natur und schönem Waldglitzer und Grasglitzer. Adriano Celentano zerkugelte sich vor Freude und Interesse nach dem Eishockey zuschauen beim wunderschönen und glanzvollem Schneefall im Central Park und sagte zu uns allen auch in netter Weise: " Happy icehockeytime ever and wonderful snowfall here and glittering wonderland."

Kristiane lachte viel und sagte dann mit freudiger Stimme: " Hey hey this is winter wonderland and dreaming good here .... great here and enjoying." Ich Peter Oberfrank - Hunziker sagte dann: " Ja this is my winterwonderland New York Rangers festival official ever in heart with thinking and doing ....

Kristiane let us go Esel riding and I see the Lady Nina Hagen will join us and also Lady like 4 Elements and I see also grinsi Barbara Fiegl .... I tell you that they sportcoaches here gave me the following art names for my sporty and nature doing: my birth name Peter Oberfrank, my wedding name Peter Oberfrank-Hunziker, as spicy name Wayne Gretzky, for wood doing Christian Perthaler, Marc Messier, Martin St. Louis, Ki Holunder, Eric Lindros, Kevin Lavallee, Sydney Crosby, Sergej Owetschkin, Lindow, Anderson, Nashvilli, Peter St. Louis, Chicago Peter, Detroiti Peter, Toronto Star Peter Oberfrank, real Montreal Canadiens Peter .... after the joyful riding with the Esels I got also a Sportvertrag with the Montreal Canadiens NHL and also all NHL sporty and nature clubs and I signed this contract on 17 January 1973 very happily with my signing with my birth name „Peter Oberfrank" and also including my birthplace on 27 November 1971 in Rapperswil Zürich, Swiss Australia and my homing in Australia with werkstatti.

Very fine celebrating in Central Park with a lot of Colours and wonderful buildings and crashes and lot water and lot of great smiling by me Peter Oberfrank - Hunziker and nice memory red heart and lot Fiegl Barbara grinsen and happy Backerlen grinsen by Kristiane Backer the so called Krischi .... and with Krischi I went then to the crocodiles, delphins, grassland and elefants and also Babsi Fiegl und Nini Hagen, Barbara Winner, Claudia Schliernzauer, crazy Edeltraud und happy Nena and Olegi a lot of smiling were joining to the elefants and then to the zebras and small mountains.

A happy festival said friendly Sebastian

Kurz and Günter HC Strache said a wonderful festival celebrating the good New York Rangers icehockey and the real first Stanley Cup win NHL for the New York Rangers and also a wonderful Presidents Trophy NHL for the New York Rangers on 17 January 1973 at 18 o'clock namely 6 pm for the first New York Ranger Peter Oberfrank and the New York Rangers Team with celebrating ever on earth and also in sky.

Wonderful and natural speeches were on this day in Central Park New York and my name Peter Oberfrank was fine glittering on the first and ever NHL Stanley Cup New York Rangers and also on the first NHL Presidents Trophy with my name Peter Oberfrank and New York Rangers Team .... Barbara Fiegl said: „Your name Peter Oberfrank is glitzerlen ...." Adriano said: „Happy time here and good doing here ...."

Die Zitolas tanzten happy zur Musik
und Edeltraud sprang fröhlich im
Schnee herum und mit Carl Lewis, Ben
Johnson, Michael Johnson, Astafa
Powell, Aranga, Arangi, Arango,
Ziklana, Diego, Adriano, Carsten
Jancker, Otto, Louis de Fune, Jerry
Lewis, Stan and Olly, Almöhi, Karl
Dall, Didi und Otto ging und rannte ich
im Gelände des Central Park herum und
hin und her und einfach so zu schauen
was so ist und spaßig war dies und eine
schöne Erinnerung im Heartyherzen ....

Die Hutis tanzten wie gewohnt fröhlich
lächelnd zur guten Musik und lasen im
NHL book und Neo, Nea, Nez,
Neranda, Paul Gascoigne, Dan O'Brien,
Hias, Karl Moik, Oleg Blochin, Andi
Nödl, Ronald Reagan, Heinz Rühmann,
Heinz Conrads, Heinz Dalli Dalli,
Heinz Kohl, Heinz Lischow tanzten auf
der schneebefallenen Wiese und das
schöne grüne Gras und auch ein paar

Steine schimmerten und glänzten schön durch den Schnee am Boden.

Nena spielte mit den Luftballons und mit dem Drachenfliegen .... Christina Gleinser trommelte und spielte Musik mit der Gitarre .... Donald Trump und Markus Gander spielten sanfte Musik mit der Geige .... Didi Constantini und Rainer Talki und Raina Dirkes und Kalunda spielten freudig Fußball .... Pele ist ein richtiger Zauberfußballer und ich und Pipo joineden sogleich zum Zauberfussball spielen im Schnee mit auch Gras durchschimmern vom Boden und freudig kamen zum Fussball spielen auch Amalo Hristic und Leo Lainer ....

Auch auf den Musikbühnen wurden die Musikinstrumente bestaunt und teilweise auch schöne Musik gespielt und die vielen Menschen auf der Wiese gefiel die Natur und auch das Xylophon mit der Musik dazu .... es wurde viel geredet, geschrieben und geschaut und auch wieder Eishockey spielen.

Nature is fine.

Viele Menschen, Tiere und Pflanzen waren an diesem Tag im Central Park New York und dies war ein ganz glückliches und fröhliches Festival.

Besonders schön und ganz sanft und weich glitzerte der NHL Stein mit Herz und ich lachte viel und herzlich hohohihihahahejahejagoodisonhli ....

Besonders glanzvoll war ein wunderschöner Weihnachtsbaum auf einem Hügel im Schnee und dort tanzten auch die Mäuse, Pinguine, Drachen, Nashörner, Elefanten und viele mehr ....

College sein und Harvord University ever sein ist schön ....

Zaranga aus Afrikans tanzte einen wunderschönen Urtanz mit Namen Chilio mitsamt Trommelmusik und Didgideroomusikbegleitung und auch schönem Gesang durch den Chor Uimi. Uimi sind ganz herzliche Menschen und Ureinwohner mit Natursinn aus Aberidgeni, Pakistani, Afrikans und Disa.
Auch ein bisschen Konditionsgymnastik mit Musik und Yoga tanzen wurde mit Spaß und Freude gemacht.

Alle bei diesem ewigen Fest gewesenen Menschen turgen sich gerne ins Namenregister des NHL books chapter „forever young Pezi so called Peter Oberfrank" ein und dies ist ein ewiges Buch zum Feiern ....

Ein wunderbares Feuerwerk glänzte schön am Sternenhimmel .... und leuchtete bis Australien, Nashville,

Doha, St. Louis and ever ....
Happy easy time war auch ein Slogan
created by me and Kristiane Backer für
dieses glanzvolle und schönes Fest mit
Einzigartigkeit und genauer Erinnerung
an ein Sternenglitzern in weißer Farbe
vom Stern Herzi ....

Zum Spaß war dann wieder Eishockey
spielen angesagt und Moderation durch
die Eislady Edeltraudi und ganz schönes
Eishockey and friendly too with
Frankenstein, Dracula, Lady Lundi,
Sebastian Kurz, Günter HC Strache,
Erich, Pongo, Mitterer, Hanschitz,
Kruxeler, Didi und Cindy Crawford ....
Nathalie Geisenberger was rodeling and
also Claudia Neuner und crazy a lot
Nena and Samantha Fox .... Olegi was
documenting all and this is nice .... and
Matthias Walchhofer was ever happy
with all and was hiking with me Peter
Oberfrank and going joyful to the
carusel and also Robert Lemke,

Mourinho, Lamke were joining with happy smiling .... Horst Hrubesch with a great smile ....

Yes it was fun dancing intelligent with harmony and crazy doing, especially Edeltraudi, with Barbara Fiegl, Kristiane Backerle, Cindy, Cindy crazy Lauper, super crazy Nina Hagen, again crazy smiling Edeltraud, Hubert Neuper, Armin Kogler, Alain Vigneaut, Jeff Gorton, Meggie, Clary, Horundala, Zico, Diego, Rudi Carrell and a lot of smiling and jumping high Adriano ....

Many people in Central Park were happy with this celebration and all is documented in NHL book and minding.

Didi sagte und schrie freudig und sagte dies dann auch leise:" Happy all time icehockey and nature enjoying with doing good ...." und Didi lachte viel dabei und zwar fröhlich herzlich.

Larry Holmes, Mike Tyson, Heinz with parents and a lot of people went in the small fallen snow with joyful moving .... Andreas Huber also with his jacket flying moving and I was winking highly my New York Rangers flagi with big smiling Ny mäßig and happiling .... Great and nice atmosphere in Central Park and Barbara Fiegl was gliiterling smilelen .... also Drew Barrymore and crazy like Edeltraud were dancing with me with happiness at the meadow lawn and also Mirhaldafin tanzte und redete spaßig auf der Schneewiese und der grünen Wiese .... Mirhaldafin sagte ganz lustig: „Nature doing is fine and speeches are correct and good icehockey is ever with NHL doing combined."

Cindy Crawford freute insbesonders der große und schön bunte und glänzende Weihnachtsbaum.

„Merry Christmas" said I Peter Oberfrank and Kristiane Backer said then „Backerle happy smilelen .... goodi".

Dann machte ich mich Peter Oberfrank auf die Rückreise mit schönem Gepäck and real professional ice playing and icehockey playing with my Stanley Cup Trophy NYR Peter Oberfrank ....

Auf meiner Rückreise joineden a little bit also happy Kristian, very crazy Adriano, happy grinsele Barbara Fiegl and ....

Ich wanderte auf großen dunkelgrünen und hellgrünen Wiesen, Flüssen, Seen, großen Wald, Wüste und schönen Naturlandschaften mit Stauden und schönen Geysiren, Höhlen, Tälern und ganz großer Wiese dann wieder ganz glücklich nach Hause happy Australia.

Happy time ever and good enjoying.

Wunderschöne und glanzvolle
Erinnerungen.

Ein genussvolles Leben mit ganzem
Herz und viel Eishockey spielen ....
Dann gerne wieder auf Reisen zu gehen
und die Welt erkunden wie das Land
Brasilien, Argentinien, Südpolregion,
Mexiko und die Nordpolarregion ....
dann wieder schön bunt im Central Park
in New York sein ....

Viele Tiere in St. Louis in Amerika
treffen .... dann viele Blumen ganz
farbenfroh in Dallas erblicken und
schön genießen. Weiterreisen und ganz
glücklich mit Licht sein und auf einer
grünen Wiese.

Mit glanzvollen Blicken und
Wandererinnerungen sich wieder

erinnern an das Schöne .... dann gemeinsam reisen mit Tieren, Pflanzen, schönem Wasser und Palmen zum Naturpark in New York und ganz groß feiern .... dann ins Rockhaus zum happying und wieder zurückreisen. Wunderschöne Wiesen und auch ganz große schöne Berge und dann zum grünen Wundergeysire zurückkehren und dreamelen .... wieder sein und zum Discohaus nach Montreal reisen und dort happiling tanzen zu Hip Hop Musik.

Montreal ist eine große Eishockeystadt mit Historie und stolze Montreal Candiens Eishockeyspieler und Eishockeyspielerinnen dokumentieren über die Schriftsprache „Montrealerisch" auch die schönen Erfolge der anderen NHL Mannschaften.

Wunderschön sind Blumen und
Graslandschaften, NHL Trophies und
Medali, Berge, Seen, Flüsse, Bäche,
Vulkane, Gletscher, Magnetismen,
Licht, Wolken, Schneewolken, Nebel,
Varungaliwolken, Regen, Nieselregen,
Hagel, Eisregen, Blitze, Donner,
Gewitter, Sternenglitzer, Hügel,
Hügellandschaften, Wüstengebiete,
Nordpolregionen, Südpolregionen,
Antarktis, Eskimoland, Sorangasüdland,
Grönland, Arktis, Kanadi, Urregion
Kanada, Flussdelta Nil und Amazonas
Gebiet, Urwald, Urwüste, Ursand,
Urberge, Urgras, sanfte Wiesen,
Springbrunnen, Wasserquellen,
Stauden, Garungalagebiet, tropische
Zone, asianda Zone ....

laughing with heart

happy flower

Colorado flower

Rose

Carolina flower .... wonderful dreaming

Rote Herzblume

In der NHL gibt es schöne Naturstadien und auch schöne erbaute Architekturstadien und Gebäude (von Peter Oberfrank - Hunziker) zum Sport ausüben und Sport schauen.

Besonders schön ist in meiner Heimat auch das Central Park Nature Sports Stadium und der Madison Square Garden und das Madison Square Garden Trainings Center und das New York Yankees Stadium. Interessant ist auch das NHL Museum mit viel Geschichte und Staunen und fröhlich sein.

In Montreal gibt es wunderschöne Eishockeytrainingssportplätze und gute frische und angenehme Luft mit vielen Eindrücken, wie Berg schauen, Meer schauen, am großen Strand sein, in der Meeresbucht gut feiern, auf der Wiese feiern .... und nach Toronto reisen und dort Berg gehen und den wunderschönen Talkessel bestaunen mit groß grüner Wiese und wunderschönem Colosseum Toronto Stadium.

In St. Louis ist große Natur mit Wiesengebieten, leichten Hügeln und großen Wasserflächen und viel Dreaming .... in St. Louis feierte ich heute am 20. November 2019 schön meine NHL Stanley Trophy mit Bezeichnung Rose Trophy ever Peter Oberfrank - Hunziker with New York Rangers ever, und wie folgt eine schönes Bild hierzu.

NHL Stanley Trophy mit Bezeichnung
Rose Trophy ever Peter Oberfrank -
Hunziker with New York Rangers ever
(mit schönen Erinnerungen auch an die
NHL Mannschaften Nashville
Predators, Dallas Stars, Detroit Red
Wings, New Jersey Dervils ....)

Im Detroity Dome Sporticehockeyhall
wurden spaßig gerne viele nette
Kindergartenkinder mit Erwachsenen
eingeladen, welche höher als 30 Tore
zählen wollen, wenn die Detroit Red

Wings (mit Kapitän Peter Oberfrank und auch art NHL names Waync Gretzky, Christian Perthaler, Patrick Kane, Hristov, Smalov, Moskauov gegen die Montreal Canadiens spielten, und die Detroit Red Wings siegten fröhlich mit russianda Spielsystem mit good icing and rotating flexible .... immer höher als 33 : 0 gegen die Montreal Candies und einmal 44: 0 und zehnmal 47 : 0 und die Kindergartenkinder und Erwachsenen freuten sich immer beim Zählen der Tore und dann gab es immer ein Zählenfest ....

Ja ja die Montreal Canadiens sind auch ein erfolgreicher und guter NHL Eishockeyverein mit viermal Stanley Cup winning und einmal Stanley Cup Champions being with ever Sports captain Peter Oberfrank - Hunziker (with art names and many retired numbers by Montreal Canadiens), born on 27 November 1971 in Rapperswil

Zürich, in Swiss Australia.

Ganz bezaubernde Natur ist auch in meiner Heimat Nashville mit schönen mittelgrünen Wiesen und vielen Farben und Blumen, Gewürzen, Gärten, Meeresgebeiten, Wasserquellen, Bächen und auch schöne runde Sportstadien .... Der NHL Sportverein Nashville Predators ist der erfolgreichste ever NHL Verein gemeinsam mit New York Rangers mit 12 maligen Stanley Cup Titeln und 2 maligen Stanley Cup Champions Titeln .... wurde immer schön mit Blumen und Gras gefeiert und insbesonders Krischi Moderationen bei CNN und MTV waren spaßvoll und auch mit Fiegl Witzen .... das Fest Helloween entstand in Montreal, weil dort viele Leute mit Nachnamen ween heißen und immer wenn die Montreal Canadiens in fremden Sportstätten Eishockey spielten, wurden sie oft ganz mit zuckerle lachen „Helloween" begrüßt und dies dokumentierte Diego

Maradona mit viel Nachdenken und langem Lachen im Montreal Book und dann feierte man weltweit gleich das „Helloween" Fest und Claudia Schiffer deutschte dieses bunte Fest in der Bonner Buchbibliothek mit schifferle grinslachelen in „Halloween" Fest ein und Heinz tanzte und hüpfte freudig ....

Ganz interessant und gut ist das Spielsystem des NHL Eishockeyvereins Edmonton Oilers (mit 8 maligen Stanley Cup Titeln und 1 maligen Stanley Cup Champions Titel) mit viel Kreativität und Defensivspielsystem mit systematischen Aufbau über dieses edmi Spielsystem .... Edmonton ist auch meine Heimat und old tradtional ist das Peter Oberfrank village Edmonti mit schönem Ausblickberg und auch modern cityi Edmonton ist schön und zaubernd .... der Edmonton Sportspielpark ist meist quadrisch angeordnet und einfach gehalten und sanft glänzend .... die Edmonton Oilers sind auch ein stolzer NHL Eishockeyverein und schön feiern war auf der Wiese mit weitem Blick und die Edmonton Oilers reisten immer gerne auch zu den Montreal Canadiens, weil dort war Gastfreundschaft und schönes Berge und Höhlen schauen und guter kultureller Austausch und nettes Sein und Tun mit Lachen und Denken und schöner Schildkappenmode ....

Die Dallas Stars sind auch ein ganz herznaher NHL Verein meinerseits, weil dort gibt es auf den hügeligen Wiesen wunderschöne Sternbilder zu sehen und ganz viel Ruhe ist im Naturressort Dallas Texas .... auch viel Sumpflandschaft mit Krokodilen, Adlern, Walen und schönen Schilfgebieten und auch viel Wüstenlandschaft und auch Geltschergebiet und Urwalddschungel original .... die NHL

Eishockeymannschaft
Dallas Stars spielt mit perfekt
durchdachtem Spielsystem und ganz
feinem Tuning und blitzschnellen
Eishockey und soft being ....
toperfolgreiches Eishockey NHL mäßg
(12 maligen Stanley Cup Titeln und
einmaligen Stanley Cup Champions
Titel ....) bei Dallas Stars ist wunderbar
und kulturell wichtig ....

Die NHL Eishockeystadt Ottawa (10
Stanley Cup Titel und einmalig Stanley
Cup Champions Titel) ist im
Hochgebirge und auch mit
Meereseinfluss .... die NHL
Eishockeymannschschaft Ottawa
Senators trainiert und spielt gerne in
burgenmäßigen Eishockeysportstätten
und auch Naturstadien bei schön und
angenehmen frostig kalten
Temperaturen .... märchenhaftes
Eishockey ist das Spielsystem der
Ottawa Senators mit good central and

compact being and shifting slowly with appearance system one deep and one back and the others rotating ....

Detroit ist eine wunderbare Wiesenstadt mit Flüssen und Seen und Vulkangebirge, einmal hoch und dann wieder nieder, und architektonisch meist eckigen Sportstädten und vielen Geysieren .... die Detroit Red Wings sind auch toperfolgreich im NHL Eishockey mit 12 Stanley Cup Titeln und einmaligen Stanley Cup Champions Titel (gleich wie Dallas Stars und New Jersey Devils) und das Spielsystem der Detroit Red Wings ist Hochperfektion im technischen eislaufen und Stocktechnik mit Pucktechnik mit Speed variying with ocassion and smiling to the team .... auch die Satellite Teams im NHL Format der Detroit Red Wings sind erfolgreich and namely KAC (1 x Stanley Cup Winner and Stanley Cup Champion with celebrating

a lot and African title) und CSKA
Moskau (3 times Stanley Cup winner
and 1 title Stanley Cup Champion with
being New York Rangers team) ....
Detroit ist eine Naturstadt und auch
Hochtechnikstadt mit viel Ruhe und
Sein und Natur genau beobachten ....

New Jersey ist eine dreaming city mit
wunderschönem Ausblick auf Wiesen,
Bäume, Meer, Felsen, Sternbilder,
Wüste und auch schöne New York Nähe
.... auch eine Kulturstadt mit märchigem
Theater und Balletttheater und
Musiktheater und Kinosälen und
glanzvollen und holzigen
Eishockeysportstätten .... die NHL
Eishockeysportmannschaft New Jersey
Devils ist mit einfachem und wohligem
Spielsystem mit creative brillance and
middle bowing and watching with
situative top speed and slowing very
successfull (12 Stanley Cup Titeln und
einmaligen Stanley Cup Champions

Titel und Australia Titel NHL and 3 Floorball title NHL - relating Los Angeles, St. Louis, Nashville and with accordance and german Floorball title and ewigi titele ....) good and ever celebrating in old traditional style and easy modern .

Die NHL Sportstadt und Sportstätte Las Vegas mit dem glanzvoll erfolgreichen NHL Eisverein Las Vegas Golden Knights ist eine wunderschöne Wüstenstadt mit variierenden Dschungelgebieten und schönen Varanen und Störchen .... das Spielsystem Las Vegas Golden Knights ist einfach basierend und 3 times bottom building with clarifying one building and back and forward being with a lot of skating .... (10 Stanley Cup Titeln und einmaligen Stanley Cup Champions Titel und 1 Title Asian Stanley Cup with proud) .... celebrating.

NHL being ist in Minnesaota in einer Hochlandschaftsregion mit grünen Bären in vielen Farben und viel Naturstolz und wunderschönen Elchen, Hirschen, Siebenschläfertieren (sehr eifrige Tiere mit guter Ruhe ....), Galapos, Drachen, ET Home nearby and naturell dreaming and glancy gletscher ewigi und wüsti ewigi, tscharangelen, Salamander, viele Schlangen, Pythonshome und Sprudelwasserquellen .... NHL Sportteam Minnesota Wild trainiert viel und gerne und überall und mit Spielsystem easy doing and perfection speed very clearifying rotational principle .... auch gut erfolgreich mit 10 Stanley Cup Titeln und einmaligen Stanley Cup Champions Titel und Berg Stanley NHL title for high icehockey playing on mount Himba .... Himba heimati und Himba wohnen very nice and ever in heart and enjoying ....

New York ist eine Top Eishockeystadt und natürliche Kulturstadt mit Meeresflüssen und Parkregionen und die NHL Mannschaft New York Rangers mit viel und dokumentierter Eishockeygeschichte seit dem Jahr 1919 (= NHL Gründungsjahr) und mit mir „Peter Oberfrank - Hunziker" als forever young boy (Titel für gutes Eishockeyspielen als Kind im Alter zwischen 1 bis 2 Jahren und dann ewig) und Ehrenkapitän ewig „Peter Oberfrank - Hunziker" all numbers by playing auch mit dem Spielsystem wunderschönes Eishockey with accelerating and hapyling and lot rotating and speeding in high curves and systematic local rooming and joying .... 12 Stanley Cup Titeln und einmaligen Stanley Cup Champions Titel mit Historie aus dem Jahr 1928, 1933, 1940 und glanzvoll and ever 1994, 1 mal New York Central Park title mit Baum Trophy in Platin with glitter

for wondrful icehockey being and
ballett dancing and skiing .... laughing
celebrating with red heart and goodilen
and jarangelen and talkilen and trötelen
and smalandelen and meing ....
Joyful and crazy NHL Top team New
York Islanders located at New York
Island belonging and watching New
York .... with top Players like Peter
Hunzi, Antonio Polster, Andreas
Herzog, Marangala, Gerhard Rodax,
Ernst Baumeister, Todd Elik, Markus
Gander, Thomas Gottschalk, Walter
Lemke, crazy like Andi Nödl,
systematic Olegis and wonderful being
as playing system various building in
situation and skating ways for happy
smiling and laughing .... top successful
with 10 Stanley Cup Titeln und
einmaligen Stanley Cup Champions
Titel .... and lot Fiegl grinselen ....

Die Philadelphia Flyers are easy living
auf einer großen Wiese mit

wunderschönen Seen, leichten
Gebirgen, Schilf- und Moorgebieten
und auch schönen Sternenbildern und
schönen Höhlen und Glasgebieten ....
die Sportstätte meist holzig quadrisch
oder marmorig quadrisch und dreieckig
und mit Spielsystem clearance high and
easy ways auch schön feiernd
erfolgreich mit 10 Stanley Cup Titeln
und einmaligen Stanley Cup Champions
Titel und guten Modeschauen beim
Feiern und dancy Musik überall ....

Toronto Maple Leafs im NHL Ort
Toronto mit Spielsystem leaf building
mit simple passing auch schön
erfolgreich mit 5 Stanley Cup Titeln
und einmaligen Stanley Cup Champions
Titel und Wasserfall schauen und
farangelen guti schauen ....

In der Büffelstadt und Holzregion
Buffalo wird der Eishockeyerfolg des
NHL Eishockeyteams Buffalo Sabres

mit 10 Stanley Cup Titeln und
einmaligen Stanley Cup Champions
Titel gerne beim Lagerfeuer gefeiert
und dann schön Wald schauen, Moos
schauen und Gras bestaunen ....

Der NHLSportverein Columbus Blue
Jackets ist in einer Felsenregion with
variying nature und mit aritektonisch oft
zylindrischen und arti Stadien auch bei
den NHL Top Clubs mit 10 Stanley Cup
Titeln und einmaligen Stanley Cup
Champions Titel .... und schönes
Höhlen feiern mit glanzvoller Musik
und Besuch von Pandabären und Koala
Bären ....

Chicago ist eine wunderschöne
Seenregion mit leichten Gebirgshügeln
und auch mit Gletschereinfluss und
Wüstengebieten und wunderschönen
Farben und Farbtönen .... der NHL
Eishockeyverein Chicago Blackhawks
ist easy doing with top speed and

elegance playing system and compact varying and then horungelen .... good success with 12 Stanley Cup Titles and one time Stanley Cup Champions Title and nature watching and celebrating the sky and earth and all ....

Carolina ist eine Wüstenstadt mit vielen Leguanen und viel Wind und auch Ruhe dort .... beim NHL Eishockeyverein Carolina Hurricanes gibt es flexible Sportstätten und Spielsystem easy doing with accurate speed .... also top successi mit 11 Stanley Cup Titeln und einmaligen Stanley Cup Champions Titel

St. Louis ist eine wunderschöne Naturregion mit Geysirespielbrunnen und flachen und hügeligen Wiesen und Seen und Wüsten total cleari soft findi and brillant music town with dancing palaces .... naturel dancing and the NHL icehockeyclub St. Louis Blues is ever celebrating 12 Stanley Cup Titel und einmalig Stanley Cup Champions Titel and forever and unique Stanley Cup Winner forever here and in sky .... mit Spielsystem good iceskating and appearance at the puck and positioning immediately for cooling and heat up ....

Also NHL team Falcon bears located in Falcon citi is very fairy tail successful .... naturing

San Jose ist eigentlich eine Wüstenstadt und Meeresstadt mit wunderbarer Naturgestaltung und die NHL Mannschaft San Jose Sharks spielt das Spielsystem joyful mit 12 Stanley Cup Titeln und einmaligen Stanley Cup Champions Titel und 1 Sharki Titel and celejoying in Alp City Innsbruck and Linz being and ever Glühwürmchen, Furungelen, Glitzis und Fitschis Festival gooling ....

Los Angeles ist eine Meeresgebietstadt mit Küste und großem Sandstrand und schönem Eis und farbigem Moos .... NHL Eishockeymannschaft Los Angeles Kings mit Spielsystem „wave" und topi erfolgreich and Los Angeles Kings celebration ever mit 12 Stanley Cup Titeln und einmaligen Stanley Cup Champions Titel und Meer Trophy Seestern für schönes nettes Sandstrandlaufelen und Edmonton sitzelen mit feiern lighty ....

Mit 10 Stanley Cup Titeln und einmaligen Stanley Cup Champions Titel sind auch folgende NHL Sportmannschaften ganz erfolgreich: Washington Capitals (mit NHL Museum und NHL history Museum in Details, und schöner Waldlandschaft und flach hügeligen Wiesen in Washington und leicht runder und stolzer Sportstätte Washington Dome), Boston Bruins (auch mit NHL History

Museum und schönen Seen und old
tradtional and modern und vielen
schönen Sportstätten und meist eckigen
und metallischen Sportsstadium
Bostoni), Colorado Avalanche (=
Colorado Stadium meist in glanzvollem
weiß und eine schöne Schneeregion und
viel Eis in Colorado und auch schöner
Sommer like mit Farbenglitzer ....
Colorado house in schönem Holz ....),
Vancouver Canucks (eigentlich
Wüstenregion und auch Meeresregion
mit Wiesenduft und 8 eckigen Stadion
Vani und sanften Hügeln und schönen
Felsenschlössern und Wasserfallseen
und glitzernden Bächen ....), Pittsburgh
Penguins (ist eine Felsenstadt und mit
Meeresaufschluß auch eine
Wiesenregion und vielen Tieren und
schönen Pingi Stadium und Pittsburgh
house and Almi ....), Florida Panthers
(Schilfregion mit Felseneinfluß und
Wassereinfluß auch eine Wiesenstadt
und Hügelstadt mit zartem Wald und

wunderschönem Meer und Strandgebiet und Vogelgezwitscher und Schauregion und Stadion „Surfi" und auch viel Ruhi ....), Anaheim Ducks (eine Gänseregion und schöne Wiesen und Seelandschaft und Stadium „Quacki" und Disco housi und Blumen House ....), Arizona Coyotes (Sandregion und Palmenregion mit glanzvollen Seen und auch Eisbergregion mit Südmeeresstrom und Polarstrom und Stadium Coyi und Citi House und Wohni building ....), Tampa Bay Ligthning (Vulkanregion und schöne Steine dort und Stadium „Tampi" und schöne Donnerblitze in allen Farben ....), Calgary Flames (Wiesenregion mit hohen Bäumen und Mammutbäumen und auch Mammut Tieren und Drachen und Elefanten und vielen Tieren, Grassorten und Blumen und auch mein NASA Ort Peter Oberfrank - Hunziker federal research with specialities in Nashvilli und Stadium CF und blumi building und

almig buildi ....), Winnipeg Jets (große
Sandwüstenregion mit vereinzelt
schönen grünen Wiesen und auch
blühenden Wiesen mit seichtem Wasser
und Wasserströmen und Stadium WI
und dancing hall Wipi und wemi bi ....).
And great sport is also NFL National
Football League and NBA Basketball
League and MBA Major Baseball
Association and Football league
worldwide and all sports doing ever ....

Happy nature

Icehockey being